Das Ultimative
Tiger
Buch für Kids

Jenny Kellett

BELLANOVA

MELBOURNE · SOFIA · BERLIN

Copyright © 2023 by Jenny Kellett

Tiger Bücher: Das Ultimative Tigerbuch für Kinder
www.bellanovabooks.com

Alle Rechte vorbehalten. Kein Teil dieses Buches darf ohne schriftliche Genehmigung des Autors in irgendeiner Form elektronisch oder mechanisch vervielfältigt werden, auch nicht durch Fotokopieren oder Aufzeichnungen.

Alle Fakten gelten als korrekt und stammen aus seriösen Quellen.

ISBN: 978-619-264-093-4
Imprint: Bellanova Books

Einleitung	4
Tiger Unterarten	7
Sumatra-Tiger	8
Siberischer Tiger	11
Bengalischer Tiger	13
Südchinesischer Tiger	16
Malayisia-Tiger	18
Indochinesischer Tiger	20
Tiger Fakten	22
Tiger Quiz	84
Quiz Antworten	89
Wortsucherätsel	90
Quellen	93

EINLEITUNG

Der Tiger ist die größte Katzenart der Welt. Berühmt für sein wunderschönes orange-schwarz gestreiftes Fell, ist der Tiger seit Jahrhunderten ein wichtiger Bestandteil vieler asiatischer Kulturen: Der Tiger ist eines der 12 chinesischen Tierkreiszeichen und spielt in vielen koreanischen, buddhistischen und hinduistischen Ritualen und Mythologien eine wichtige Rolle.

Es gibt noch Hunderte von anderen Gründen, warum Tiger von Menschen wie dir auf der ganzen Welt geliebt werden. Also lasst uns mehr über sie erfahren! Bist du bereit? *Los geht's!*

Indochinessicher Tiger.

TIGER
UNTERARTEN

Wusstest du, dass es neun verschiedene Unterarten des Tigers gibt? Zu diesen Unterarten gehören der Bengalische Tiger, der am häufigsten vorkommt, der Sibirische Tiger, die körperlich größte Unterart, und der Sumatra-Tiger, die kleinste Unterart.

Jede dieser Unterarten hat einzigartige körperliche Merkmale und Verhaltensweisen, lass uns also jede von ihnen näher betrachten, um mehr zu erfahren.

SUMATRA-TIGER
Panthera tigris sumatrae

Der **Sumatra-Tiger** ist eine Unterart des Tigers, die auf der indonesischen Insel Sumatra beheimatet ist. Er ist die kleinste aller Tigerunterarten und zeichnet sich durch eng aneinander liegende Streifen und ein dunkleres, orangefarbenes Fell aus, das ihm hilft, mit seinem Lebensraum im tropischen Regenwald zu verschmelzen. Der Sumatra-Tiger hat auch einen charakteristischen Bart und eine charakteristische Mähne.

Nach Angaben des World Wildlife Fund (WWF) ist die Population des Sumatra-Tigers in den letzten Jahrzehnten aufgrund von Wilderei,

Lebensraumverlust und Konflikten mit Menschen erheblich zurückgegangen. In den frühen 1970er Jahren gab es schätzungsweise 1.000 Sumatra-Tiger in freier Wildbahn. Im Jahr 2008 wurde die Population auf 300 bis 500 Exemplare geschätzt. Es ist wahrscheinlich, dass die Population seither weiter abgenommen hat.

Viele **Sumatra-Tiger** leben in **Schutzgebieten** wie Nationalparks und werden auch durch Anti-Wilderei-Patrouillen von Park-Rangern geschützt. Im Jahr 2014 erließ Indonesiens oberste religiöse Körperschaft eine Anti-Wilderer-Fatwa (religiöse Verordnung), um das Bewusstsein für diese Tiere zu schärfen und sie zu schützen. Daher verstößt das Töten eines Sumatra-Tigers nicht nur gegen das Gesetz, sondern auch gegen das religiöse Gesetz in Indonesien, dem größten muslimischen Land der Welt.

SIBERISCHER TIGER

Panthera tigris altaica

Der **Sibirische Tiger** oder **Amurtiger** ist im russischen Fernen Osten, im Nordosten Chinas und auf der koreanischen Halbinsel beheimatet. Er ist die größte Unterart des Tigers, mit einem Gewicht von bis zu 300 kg bei Männchen und bis zu 135 kg bei Weibchen.

Sibirische Tiger zeichnen sich durch ihr dichtes, langes Fell aus, dessen Farbe von orange bis gelb reicht, mit markanten schwarzen Streifen. Sie haben kräftige Beine und große Pfoten, mit denen sie sich durch den Schnee bewegen und ihre Beute einfangen können.

Wie viele andere Tigerunterarten ist auch der Sibirische Tiger vom Aussterben bedroht. Es gibt schätzungsweise nur noch weniger als 500 Exemplare in freier Wildbahn. Zu den größten Bedrohungen für den Sibirischen Tiger gehören der Verlust seines Lebensraums, Wilderei und Konflikte mit Menschen.

BENGALISCHER TIGER

Panthera tigris tigris

Der **Bengalische Tiger** ist auf dem indischen Subkontinent beheimatet. Er gilt als eine Art der "charismatischen Megafauna". Das bedeutet, dass er weithin bewundert wird und eine starke Präsenz in den kulturellen und spirituellen Traditionen vieler Gesellschaften hat.

Bengalische Tiger gibt es seit Tausenden von Jahren auf dem indischen Subkontinent, doch heute sind sie vom Aussterben bedroht.

Es gibt schätzungsweise noch etwa 4.000 Exemplare in freier Wildbahn. Damit ist er der am weitesten verbreitete Tiger der Welt, doch seine Anzahl geht aufgrund von Bedrohungen wie Lebensraumverlust und Wilderei zurück.

Eines der markantesten Merkmale des Bengalischen Tigers ist sein Fell, dessen Farbe von gelb bis hellorange reicht und dunkelbraun bis schwarz gestreift ist. Der Bauch und die Innenseiten der Arme und Beine sind weiß. Der Schwanz ist orange, mit schwarzen Ringen. Diese einzigartige Zeichnung hilft dem Tiger, sich an seinem bewaldeten Lebensraum anzupassen und sich besser an seine Beute heranzuschleichen.

SÜDCHINESISCHER TIGER
Panthera tigris amoyensis

Der **Südchinesische Tiger** lebte früher in Teilen Chinas. Leider wurde er lange Zeit nicht mehr in freier Wildbahn gesehen und gilt als ausgestorben, doch es gibt noch viele Exemplare in Zoos weltweit und in ganz China. Der Südchinesische Tiger ist kleiner als andere Tiger, die auf dem asiatischen Festland leben, aber größer als der Sumatra-Tiger.

Männchen sind etwa 3 m lang und wiegen etwa 175 kg. Die Weibchen sind kleiner, werden etwa 2,50 m lang und wiegen in etwa 115 kg. Der Südchinesische Tiger hat ein helleres, eher gelbliches Fell mit schmalen, scharfen Streifen.

Ein Südchinesischer Tiger im Zoo von Shanghai.
Copyright: J. Patrick Fischer

Sein Gesicht, seine Pfoten und sein Bauch sind eher weiß.

Der Lebensraum des südchinesischen Tigers wurde zerstört, und es gab nicht genug Nahrung für ihn, weshalb man davon ausgeht, dass er in freier Wildbahn ausgestorben ist. Glücklicherweise haben Naturschützer gute Erfolge bei der Zucht in Gefangenschaft erzielt.

MALAYSIA-TIGER

Panthera tigris jacksoni

Der **Malaysia-Tiger** lebt im südlichen und mittleren Teil der bengalisischen Halbinsel und in Südthailand. Er ist das Nationalsymbol Malaysias und wurde erst 2004 als eigene Unterart des Tigers anerkannt. Davor wurde er mit dem indochinesischen Tiger gleichgesetzt. Der Malaysia-Tiger hat ein orangefarbenes Fell mit dünnen schwarzen Streifen, die es ihm ermöglichen, sich in seine Umgebung einzufügen, wenn er Beute jagt oder sich versteckt.

In freier Wildbahn gibt es nur noch ein paar hundert Malaysia-Tiger, und ihre Zahl nimmt aufgrund von Lebensraumverlust, Wilderei und Jagd ab.

INDOCHINESISCHER TIGER
Panthera tigris corbetti

Der **Indochinesische Tiger** ist in Südostasien heimisch und lebte früher in Kambodscha, China, Laos, Myanmar, Thailand und Vietnam. Heute gibt es noch etwa 250 indochinesische Tiger, die nur in Myanmar und Thailand zu finden sind.

Diese Tiger sind vom Aussterben bedroht und werden auf der Roten Liste der bedrohten Arten der IUCN als gefährdet geführt. Einige glauben, dass sie als kritisch bedroht eingestuft werden sollten, was die höchste Art der Gefährdung darstellt.

Indochinesische Tiger sind im Allgemeinen kleiner als andere Unterarten wie der Bengalische Tiger. Außerdem haben sie ein kürzeres, dunkleres Fell mit schmaleren Streifen, was ihnen hilft, in den heißen tropischen Wäldern kühl zu bleiben und sich an ihre Umgebung anzupassen. Männliche Indochinesische Tiger haben einen Kamm auf dem Kopf, der von vorne nach hinten verläuft.

Tiger sind die größte Katzenart der Welt. Sie sind auch das drittgrößte Raubtier an Land, hinter Eis- und Braunbären.

...

Es gibt 9 Unterarten von Tigern, von denen drei ausgestorben sind: Sumatra-Tiger, Sibirischer Tiger, Indischer Tiger (oder Bengalischer Tiger), Südchinesischer

Ein Sibirischer Tiger.
Foto: Unsplash/Max van den Oetelaar

Tiger, Malaysia-Tiger, Indochinesischer Tiger, Bali-Tiger (ausgestorben), Java-Tiger (ausgestorben) und Kaspischer Tiger (ausgestorben).

• • •

Die größte Unterart des Tigers ist der Sibirische Tiger. Ein erwachsenes Männchen kann bis zu 300 kg wiegen.

• • •

Die kleinste Unterart des Tigers ist der Sumatra-Tiger. Ein erwachsenes Männchen wiegt zwischen 100 und 140 kg.

Tiger haben nicht nur ein gestreiftes Fell - auch ihre Haut ist gestreift. Sie sind die einzigen wirklich gestreiften Katzen.

Keine zwei Tiger haben die gleichen Streifen, und die Streifen sind nicht symmetrisch auf beiden Seiten des Körpers.

· · ·

Die Streifen eines Sumatra-Tigers liegen enger beieinander als bei allen anderen Arten.

· · ·

Tiger haben einen Schwanz, der etwa einen Meter lang ist und ihnen hilft, in engen Kurven das Gleichgewicht zu halten.

Eine Tigerin und ihr Junges in einem Zoo in Deutschland.
Kredit: Waldemar Brandt

Wilde Tiger haben eine Lebenserwartung von etwa 10-15 Jahren. In Gefangenschaft leben sie im Allgemeinen länger (etwa 16-18 Jahre). Der älteste bekannte lebende Tiger war 26 Jahre alt.

...

Tiger jagen meist nachts und allein. Sie verpassen jedoch keine Gelegenheit, tagsüber eine Mahlzeit zu bekommen.

...

Tigerjunge bleiben etwa zwei Jahre lang bei ihren Müttern, bevor sie ihr Revier verlassen, um ihr eigenes zu gründen. Tiger sind erst im Alter von fünf Jahren ausgewachsen.

...

Tiger sind schnell! Sie können Geschwindigkeiten von 49-65 km/h erreichen. Allerdings können sie diese Geschwindigkeit nur über kurze Strecken halten.

...

Tiger können zwei Wochen lang ohne Nahrung überleben. Wenn sie aber fressen, verzehren sie bis zu 34 kg Fleisch auf einmal.

Die Trächtigkeitsdauer (Dauer der Schwangerschaft) eines Tigers beträgt knapp 3 Monate. In der Regel bringen sie zwei oder drei Junge zur Welt.

• • •

Wenn Tiger jagen, greifen sie normalerweise die Hälse ihrer Beute an und halten sie dabei fest.

• • •

Tiger bringen ihre Beute oft an einen sicheren Ort und vergraben sie unter Pflanzen.

Ein Bengalischer Tiger in Indien.

Im Gegensatz zu den meisten Katzen sind Tiger sehr gute Schwimmer. Man kann sie oft beim Durchqueren von Flüssen und Seen beobachten. Sie spielen auch gerne im Wasser, um sich an heißen Tagen abzukühlen.

• • •

Leoparden, die viel kleiner sind, jagen zu anderen Tageszeiten als Tiger, um Konkurrenz zu vermeiden.

• • •

Wenn Tierjungen geboren werden, sind sie völlig blind und hilflos. Ihre Mütter müssen zwei Jahre lang für sie sorgen, bis sie stark genug sind, für sich selbst zu sorgen.

Eine Nahaufnahme eines Siberischen Tigers.

Nur eine von **20 Jagden** endet erfolgreich.

• • •

Tiger leben nicht in Rudeln, wie Löwen. Sie sind am liebsten allein, aber sie legen Reviere fest, in denen sie umherstreifen und jagen.

• • •

Tiger haben gepolsterte Füße, die ihnen helfen, beim Anschleichen ihrer Beute leise zu bleiben.

Der Tigerfreund von Winnie Puuh heißt Tigger.

...

Tiger haben zwei Arten von Gebrüll: ein "echtes" Brüllen und ein "hustendes" Brüllen. Das echte Brüllen ist länger, das hustende Brüllen ist schärfer und kürzer, wobei die Zähne offen liegen.

...

Die Vorderballen von männlichen Tigern sind in der Regel größer als die von weiblichen. Das hilft anderen Tigern, das Geschlecht zu erkennen, wenn sie Spuren entdecken.

Ein seltener weißer Tiger im Zoo in Kolumbien.

Das "echte" Brüllen eines Tigers ist bis zu 3 km weit zu hören.

...

Die Hinterbeine von Tigern sind länger als ihre Vorderbeine. Dadurch können sie bis zu 10 m weit springen.

...

Tiger sind nicht allzu wählerisch, was ihre Nahrung angeht. Ihre Lieblingsspeisen sind Antilopen, Rehe, Wildschweine und Büffel.

...

Es gibt weiße Tiger, aber sie sind sehr selten.

Tiger haben weiße Flecken auf der Rückseite ihrer Ohren, von denen einige Wissenschaftler glauben, dass sie als falsche "Augen" dienen, um Raubtiere abzuschrecken, die sich hinter ihnen befinden. Andere glauben, dass sie Tigerjungen helfen, ihren Müttern im hohen Gras zu folgen.

...

Tiger haben runde Pupillen, im Gegensatz zu Hauskatzen, die geschlitzte Pupillen haben. Das liegt daran, dass Hauskatzen nachtaktiv sind, während Tiger dämmerungsaktiv sind (sie sind vor allem morgens und abends aktiv).

Ein Sumatra-Tiger.

Ein Sibirischer Tiger.

Der Urin von Tigern, mit dem sie ihr Revier markieren, riecht wie gebuttertes Popcorn.

. . .

Tiger können nicht schnurren. Stattdessen blinzeln sie oder schließen die Augen, um zu zeigen, dass sie glücklich sind.

. . .

Drei Tigerarten wurden in den letzten 80 Jahren ausgerottet. Tiger stehen seit 1986 auf der Liste der gefährdeten Arten, und wir müssen sie schützen.

Ein Hieb mit der Vorderpfote eines Tigers reicht aus, um einem Bären die Knochen zu brechen.

...

Die Zahl der Tiger nimmt rapide ab. Der weltweite Bestand an wildlebenden Tigern wurde auf 3.062 bis 3.948 geschlechtsreife Exemplare geschätzt, gegenüber rund 100.000 zu Beginn des 20. Jahrhunderts.

...

Weibliche Tiger werden im Englischen "Tigresses" genannt.

Der Tiger ist das Nationaltier von Bangladesch, Malaysia, Südkorea und Indien.

• • •

Vor weniger als 100 Jahren lebten Tiger in den meisten Teilen Asiens und waren sogar in der Türkei zu finden.

• • •

Shir Khan, der Tiger in dem Film Das Dschungelbuch, ist ein Bengalischer Tiger.

• • •

Tiger haben riesige Zähne. Ihre oberen Eckzähne sind etwa 10 cm lang!

Tiger sind die gefährlichsten aller Katzen. Sie haben mehr Menschen getötet als Löwen oder Leoparden. Heute sind Angriffe nicht mehr so häufig, wie im 19. Jahrhundert.

...

Im ländlichen Indien tragen manche Menschen Masken auf dem Hinterkopf, um sich vor Tigerangriffen zu schützen. Der Grund dafür ist, dass Tiger gewöhnlich von der Seite oder von hinten angreifen.

...

Wenn du genau hinschaust, wirst du feststellen, dass Sibirische Tiger weniger Streifen haben als Bengalische Tiger.

Tigerjungen spielen im Wasser.

Copyright: Frida Bredesen

Auch die Streifen des Sibirischen Tigers sind nicht schwarz, sondern braun.

• • •

Der Südchinesische Tiger hat die wenigsten Streifen.

• • •

Fast so viele Tiger leben in Zoos und Naturschutzgebieten wie in freier Wildbahn.

• • •

Tiger haben so raue Zungen, dass sie die Haut ihrer Beute mit einem Lecken abziehen können.

Alle weißen Tiger in den Zoos gehen auf Mohan zurück, einen weißen Tiger, der 1951 in Indien gefangen wurde.

• • •

Leider sind in den letzten 100 Jahren etwa 95 % der wilden Tiger verschwunden. Schätzungsweise gibt es nur noch 5.000 in freier Wildbahn.

• • •

Sumatra-Tiger haben Schwimmhäute an den Füßen, die ihnen beim Schwimmen helfen.

• • •

Die ältesten gefundenen Tigerfossilien sind 2 Millionen Jahre alt.

Eine Tigerin und ihre Jungen in Bandhavgarh-Nationalpark, Indien.

Kredit: Sam Power

Tiger lieben Fleisch. Man nennt sie sogar "Hyperkarnivoren", weil ihr Körper keine Pflanzen oder Früchte verdauen kann.

• • •

Tiger haben einzigartige Duftdrüsen, sodass jeder Tiger seinen ganz persönlichen Geruch hat.

• • •

Tiger haben nach dem Eisbären das zweitgrößte Gehirn aller Fleischfresser.

• • •

Die DNA von Hauskatzen ist zu etwa 95% identisch mit der von Tigern.

Tiger sind sehr freundlich, wenn es um das Teilen von Nahrung geht. Während Löwen um ihre Beute kämpfen, wechseln sich Tiger beim Fressen ab.

• • •

Tiger und der ausgestorbene Säbelzahntiger sind nicht eng miteinander verwandt.

• • •

Der Bali-Tiger galt als böse und wurde deshalb von den Einheimischen bis zur Ausrottung gejagt.

Ein Tiger, der seine Beute anpirscht. in Bandhavgarh National Park, India.

Copyright: Abhishek Singh

Verwechsel Tasmanische Tiger nicht mit Großkatzen! Sie sind eigentlich Beuteltiere, wie Koalas und Kängurus.

...

Tiger können, wie alle anderen Katzen, nichts Süßes schmecken.

...

Die chinesische Medizin glaubt, dass bestimmte Körperteile des Tigers Krankheiten heilen können. Leider hat dieser Glaube zu einem Großteil der Wilderei geführt.

<   **Ein Sumatra-Tiger.**

Tiger haben eine hervorragende Nachtsicht. Sie ist sechsmal besser als die eines Menschen.

...

Der Speichel eines Tigers ist antiseptisch, sodass sie ihn zur Reinigung ihrer Wunden verwenden können.

...

Wie die meisten Katzen lieben auch Tiger den Schlaf! Sie verbringen rund 18 Stunden am Tag mit Schlafen.

Ein seltener weißer Tiger. in Singapur.

Vor etwa 60 Jahren lebten über 4.000 Südchinesische Tiger in China. Heute gibt es weniger als 20 in freier Wildbahn und 60 in Zoos.

. . .

Tiger sind **Spitzenprädatoren** (Apex-Raubtiere oder Spitzenräuber), das heißt, sie stehen an der Spitze der Nahrungskette und haben nicht viele natürliche Feinde.

Tiger gelten als "charismatische Megafauna". Das bedeutet, dass sie auf der ganzen Welt sehr beliebt sind und häufig in Kampagnen von Naturschutzorganisationen eingesetzt werden. Andere Arten in dieser Kategorie sind Elefanten, Riesenpandas und Buckelwale. Leider bedeutet diese Berühmtheit auch, dass sie häufig von Wilderern gejagt werden.

...

Niemand weiß mit Sicherheit, woher der Name "Tiger" stammt, aber viele glauben, dass er vom persischen Wort "tigra" abgeleitet ist, was so viel wie spitz und scharf bedeutet.

Ein Tiger im Bandhavgarh National Park, India. Kredit: Sam Power

Der Kaspische Tiger war in der Türkei, dem nördlichen Iran und anderen Teilen Zentralasiens und Westchinas beheimatet. Bedauerlicherweise wurde er im Jahr 2003 offiziell als ausgestorben erklärt.

...

Der Indochinesische Tiger lebt in Südostasien, in Myanmar, Thailand und Laos. Der Tiger ist kleiner als der Bengalische und der Sibirische Tiger und hat kürzere, schmalere Streifen.

...

Der engste lebende Verwandte des Tigers ist der Schneeleopard.

Tiger wurden mit Löwen gekreuzt, um Hybridarten zu schaffen: Sie werden Liger und Tigon genannt.

...

Der Schwanz eines Tigers ist etwa halb so lang wie sein Körper.

...

Die Streifen eines Tigers sind nicht nur schön, sie sind auch sehr wichtig, um sich im dichten Dschungel zu tarnen und ihre Beute zu überraschen.

Die Beutetiere des Tigers sind dichromatisch, das heißt, wenn sie die Farbe Orange sehen (wie einen Tiger), sehen sie eigentlich Grün.

...

Es gibt drei Farbvarianten von Tigern: golden, weiß und streifenlos schneeweiß. Weiße Tiger sind jedoch in freier Wildbahn sehr selten.

...

Normalerweise klettern Tiger nicht auf Bäume, aber es wurde schon gesichtet, dass sie dies tun.

Ein Bengalischer Tiger.

Ausgewachsene Tiger sind Einzelgänger - aber sie kennen andere Tiger in ihrem Revier und sind ihnen gegenüber nicht besonders territorial eingestellt.

...

Männliche Tiger werden die ersten sein, die weibliche Tiger und Junge Beute fressen lassen, im Gegensatz zu männlichen Löwen, die überhaupt nicht gerne teilen! Um ihr Revier zu markieren, sprühen männliche Tiger Urin an Bäume.

Sowohl männliche als auch weibliche Tiger kratzen an Bäumen, um anderen zu zeigen, dass sie dort sind.

• • •

Tiger haben viele verschiedene Laute und Gesichtsausdrücke. Obwohl sie nicht schnurren, machen sie ein Geräusch, der "Schmuselaut" genannt wird, wenn sie glücklich sind oder sich in einer freundlichen Situation befinden. Das klingt wie ein leises Schnauben.

Ein Sibirischer Tiger im Schnee.

Obwohl Tiger nachtaktive Tiere sind - sie jagen also öfters nachts - haben Forscher heimlich Kameras aufgestellt und sie auch tagsüber bei der Jagd gefilmt. Dies geschieht jedoch nur in Gebieten, in denen es keine Menschen gibt.

...

Tiger paaren sich das ganze Jahr über, doch die meisten Jungtiere werden zwischen März und Juni und im September geboren.

...

Tigerjunge bleiben etwa zwei Jahre bei ihren Müttern. Sie wachsen weiter, bis sie fünf Jahre alt sind.

Wenn eine Tigerin bereit ist, ihre Jungen zur Welt zu bringen, sucht sie sich einen geschützten Ort wie hohes Gras oder eine felsige Höhle, um ihre Jungen zu schützen.

...

Tigerbabys öffnen ihre Augen, wenn sie sechs bis 14 Tage alt sind. Mit etwa 2 Wochen beginnen die Milchzähne durchzubrechen.

...

Wenn sie acht Wochen alt sind, können sie anfangen, Fleisch zu fressen. Zu diesem Zeitpunkt kann ihre Mutter sie in eine neue Höhle bringen.

Ein Sumatra-Tiger.

Tigerjungen trinken fünf bis sechs Monate lang Milch und beginnen dann, ihre Mütter auf kurze Spaziergänge und Jagden zu begleiten.

• • •

Eine Online-Umfrage von Animal Planet TV aus dem Jahr 2004 ergab, dass der Tiger das beliebteste Tier der Welt ist.

• • •

Der Tiger ist eines der 12 chinesischen Tierkreiszeichen. Er wird als Erdtier dargestellt.

Tiger sind in vielen chinesischen Gräbern und Denkmälern eingemeißelt, da man glaubt, dass sie böse Geister abwehren.

...

Schwarze Tiger sind sehr selten, aber es gibt sie.

...

In der Popkultur gibt es viele berühmte Tiger. Wie viele kannst du nennen? Ein paar davon sind Tony der Tiger (Kellogg's Kornflakes), Tigger (Winnie Puuh), Tigres (*Kung Fu Panda*) und Rajah (aus dem Film *Aladdin*).

Der älteste bekannte lebende Tiger war Flavel, der aus dem Zirkus gerettet und in einem Zoo in Tampa, Florida, gehalten wurde. Er erreichte ein Alter von 25 Jahren.

• • •

Taiwan hat die Kreuzung von Tigern verboten, und sie ist allgemein verpönt, da viele der Tiere zeugungsunfähig geboren werden.

• • •

Tiger fressen Fische - wenn sie sie fangen können!

Es ist bekannt, dass Tiger die Laute von Bären imitieren, um sie anzulocken und anzugreifen. In einigen Lebensräumen sind Bären eine Konkurrenz für Tiger.

...

Die meisten Tiger haben gelbe Augen, weiße Tiger haben jedoch oft blaue Augen.

...

Tiger haben ein hervorragendes Kurzzeitgedächtnis. Es ist sogar 30 Mal besser als von Menschen!

Das gekreuzte Zeichen auf dem Kopf eines Tigers sieht aus wie das chinesische Symbol für "König". Das ist einer der Gründe, warum sie dort einen so hohen kulturellen Status haben.

• • •

Die größten Bedrohungen für die Tigerpopulationen sind Wilderei, der Verlust von Lebensraum und die wachsende menschliche Bevölkerung.

• • •

Tiger sind stark gefährdet. Was kannst du also tun, um zu helfen? Es gibt viele Organisationen auf der ganzen Welt, die Tigerliebhaber wie dich brauchen, um das Bewusstsein für den Tiger zu schärfen. Über den Worldwide Fund for Nature (WWF) kannst du sogar eine Patenschaft für einen Tiger übernehmen.

TIGER QUIZ

Jetzt ist es an der Zeit, das Gelernte zu testen! Die Antworten findest du auf der nächsten Seite.

1 Tiger haben eine bessere Nachtsicht als Menschen. Richtig oder falsch?

2 Wie alt sind Tigerjunge, wenn sie anfangen, Fleisch zu fressen?

3 Was ist der engste lebende Verwandte des Tigers?

4 Was ist ein Spitzenprädator?

5 Wie viele Stunden schlafen Tiger am Tag?

6 Der Tasmanische Tiger ist eine kleine Unterart des Tigers. Richtig oder falsch?

7 Was haben Sumatra-Tiger, das ihnen beim Schwimmen hilft?

8 Wie lautet der Name des weißen Tigers, von dem alle in Gefangenschaft lebenden weiße Tiger abstammen?

9 Von wo greifen Tiger am meisten an?

10 Welche Tigerart hat die wenigsten Streifen?

11 Tiger sind die gefährlichsten unter den Großkatzen. Richtig oder falsch?

12 Wonach riecht Tigerpipi?

13 Was haben Tiger, das ihnen hilft, beim Anpirschen ihrer Beute lautlos zu bleiben?

14 Wie schwer kann ein Sibirischer Tiger werden?

15 Wie lange kümmern sich Tigerinnen um ihre Jungen, bevor sie auf eigene Faust losziehen?

16 Wie lange ist die Tragezeit (Schwangerschaft) eines Tigers?

17 Wie viele Tigerjagden enden erfolgreich?

18 Wie lang ist die Lebensdauer eines wilden Tigers?

19 Was ist die kleinste Unterart des Tigers?

20 Wie viele Unterarten von Tigern gibt es?

DAS ULTIMATIVE TIGERBUCH

ANTWORTEN

1. Wahr.

2. Acht Wochen alt.

3. Der Schneeleopard.

4. Ein Tier, das an der Spitze der Nahrungskette steht. Wie der Tiger!

5. Etwa 18 Stunden.

6. Falsch.

7. Schwimmhäute an den Füßen.

8. Mohan.

9. Von hinten oder der Seite.

10. Der Südchinesische Tiger.

11. Wahr.

12. Gebuttertes Popcorn!

13. Gepolsterte Pfoten.

14. 300 kg.

15. Zwei Jahre.

16. Knapp drei Monate.

17. Eine von 20.

18. Etwa 10-15 Jahre.

19. Sumatra-Tiger.

20. Neun.

Tiger
WORTSUCHERÄTSEL

```
S Ü D S H J Y F S E B H
I T T D S C H U N G E L
B R S I N H G S D F V P
E B E N G A L I S C H A
R V D S A E N H G D S N
I Z X C V B R F E P W T
S Ü Ä G H D S L C F Ä H
C S T R E I F E N O X E
H J U S A W H C V T C R
Q W Ä C V B F K N E M A
T Ü W Q C B C E U Y T E
S U M A T R A N N B Ü Z
```

Kannst du alle Wörter unten in dem Wortsuchrätsel auf der linken Seite finden?

TIGER PANTHERA PFOTE

DSCHUNGEL BENGALISCH FLECKEN

SIBERISCH STREIFEN SUMATRA

DAS ULTIMATIVE TIGERBUCH

LÖSUNG

S										
I		T	D	S	C	H	U	N	G	E	L
B			I								P
E	B	E	N	G	A	L	I	S	C	H	A
R				E							N
I						R	F		P		T
S							L		F		H
C	S	T	R	E	I	F	E	N	O		E
H							C		T		R
							K		E		A
							E				
S	U	M	A	T	R	A	N				

QUELLEN

Staff, L. (2010). Iconic Cats: All 9 Subspecies of Tigers. Retrieved 2 November 2020, from https://www.livescience.com/29822-tiger-subspecies-images.html

Siberian tiger. (2020). Retrieved 2 October 2020, from https://en.wikipedia.org/wiki/Siberian_tiger

Sumatran tiger. (2020). Retrieved 2 November 2020, from https://en.wikipedia.org/wiki/Sumatran_tiger

Facts, T. (2020). Tiger Facts. Retrieved 2 March 2020, from https://www.nationalgeographic.com.au/animals/tiger-facts.aspx

All About Tigers - Physical Characteristics | SeaWorld Parks & Entertainment. (2020). Retrieved 11 November 2020, from https://seaworld.org/animals/all-about/tiger/characteristics/

Sunquist, M. (2010). "What is a Tiger? Ecology and Behaviour". In R. Tilson; P. J. Nyhus (eds.). Tigers of the World: The Science, Politics and Conservation of Panthera tigris (Second ed.). London, Burlington: Academic Press. p. 19–34. ISBN 978-0-08-094751-8.

Novak, R. M.; Walker, E. P. (1999). "Panthera tigris (tiger)". Walker's Mammals of the World (6th ed.). Baltimore: Johns Hopkins University Press. pp. 825–828. ISBN 978-0-8018-5789-8.

"Sympatric Tiger and Leopard: How two big cats coexist in the same area". Archived from the original on 13 November 2020. Ecology.info

Sankhala, K. S. (1967). "Breeding behaviour of the tiger Panthera tigris in Rajasthan". International Zoo Yearbook. 7 (1): 133–147. doi:10.1111/j.1748-1090.1967.tb00354.x.

Sunquist, M.; Sunquist, F. (1991). "Tigers". In Seidensticker, J.; Lumpkin, S. (eds.). Great Cats. Fog City Press. pp. 97–98. ISBN 978-1-875137-90-9.

McDougal, Charles (1977). The Face of the Tiger. London: Rivington Books and André Deutsch. pp. 63–76.

Mazák, V. (1981). "Panthera tigris" (PDF). Mammalian Species. 152(152): 1–8. doi:10.2307/3504004. JSTOR 3504004. Archived from the original (PDF)on 9 March 2020.

Matthiessen, P.; Hornocker, M. (2008). Tigers In The Snow (reprint ed.). Paw Prints. ISBN 9781435296152.

Hayward, M. W.; Jędrzejewski, W.; Jędrzejewska, B. (2012). "Prey preferences of the tiger Panthera tigris". Journal of Zoology. 286 (3): 221–231. doi:10.1111/j.1469-7998.2011.00871.x.

Leyhausen, P. (1979). Cat behavior: the predatory and social behavior of domestic and wild cats. Berlin: Garland Publishing, Incorporated. p. 281. ISBN 9780824070175.

Robinson, R. (1969). "The white tigers of Rewa and gene homology in the Felidae". Genetica. 40 (1): 198–200. doi:10.1007/BF01787350. Brooke, C., & Brooke, C. (2013).

10 of the Most Interesting (and Unusual) Tiger Facts | Featured Creature. Retrieved 3 March 2020, from https://featuredcreature.com/10-of-the-most-interesting-and-unusual-tiger-facts/

Wir würden uns freuen, wenn du uns eine Bewertung hinterlässt!

Sie bringen uns immer zum Lächeln, aber was noch wichtiger ist, sie helfen anderen Lesern, bessere Kaufentscheidungen zu treffen.

Besuche uns auf:

www.bellanovabooks.com

für weitere Fun-Fact-Bücher und Geschenke!

Auch von Jenny Kellett

 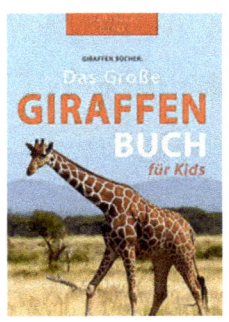 

... und viele mehr!

Erhältlich in allen bekannten online Buchhandlungen

www.ingramcontent.com/pod-product-compliance
Lightning Source LLC
LaVergne TN
LVHW050133080526
838202LV00061B/6481